Made in the USA
Las Vegas, NV
27 April 2023

71160904R10068